Le Vent des vaisseaux

Poésies (1910)

Renée Vivien

Paris, 1921

© 2025, Renée Vivien (domaine public)
Édition : BoD · Books on Demand, 31 avenue Saint-Rémy,
57600 Forbach, bod@bod.fr
Impression : Libri Plureos GmbH, Friedensallee 273,
22763 Hamburg (Allemagne)
ISBN : 978-2-3225-6201-5
Dépôt légal : Avril 2025

TABLE

LES QUATRE VENTS

Les quatre Vents se sont réunis sous mon toit
Voici le Vent du Nord revêtu de blanc froid…
Voici le Vent du Sud portant les odeurs chaudes
Et toi, Vent de l'Ouest, qui pleures et qui rôdes !…

Te voici Vent de l'Est amer et bienfaisant,
Toi dont les larges cris font trembler les cœurs lâches,
Toi qui grondes, toi qui domines, qui te fâches,
Toi qui donnes la force et la gloire du sang !

Vous voici réunis, ô quatre Vents que j'aime !
Et vous chantez, et vous criez tous réunis
Avec la joie et le désespoir infinis
Que ressent le poète en face du poème.

Tous vous obéissez au signe de mon doigt.
Mais, ô Vent de l'Ouest, qui rôdes et qui pleures
C'est vers toi que s'en vont les songes de mes heures !…
Les quatre Vents se sont réunis sous mon toit.

LE RIRE DES VENTS

Les quatre Vents ont ri dans le ciel du matin
Puis leur humeur étant changeante, une querelle
S'est élevée entre eux. Et la femme autour d'elle
Vit s'abattre en riant le courroux du destin.

Les quatre Vents ont ri dans le ciel de l'aurore
D'un grand rire pareil aux désespoirs fervents.
Avez-vous entendu le bruit des quatre Vents
Qui détruisent, riant, et détruisent encore ?

Et comme l'on soufflette en la force des mains,
Comme l'on rit en chœur, comme l'on chante et danse,
Les quatre Vents ont ri de savoir leur puissance
Sur le troupeau soumis et triste des humains.

LES DIEUX LARES S'IRRITENT…

6

Mon cœur n'est rassuré qu'à demi… Mes Dieux lares
Revêtent ce jour-ci, des formes très bizarres.

Leur regard est comme un poignard mal émoussé…
Et je tremble, craignant leur aspect courroucé…

C'est toi qui me maudis et c'est toi qui me damnes…
Et cependant je vous servis bien, ô les Mânes !…

LE PALAIS DU POÈTE

Les murs de ce palais sont d'ébène et d'ivoire
Et les plafonds gemmés d'astres comme les cieux.
Les esclaves y vont à pas silencieux
Avec leurs pas très-doux et leur face très-noire.

Et les cyprès aigus s'y dorent au couchant…
On n'entend jamais plus la fuite d'or du sable
Dans le lent sablier… car l'instant adorable
Y demeure, attiré par le pouvoir du chant…

Et, le repos semblable à l'écho, se prolonge
Infiniment suave et tendre et musical,
Comme un chant murmuré selon un rythme égal…
Ici l'on goûte en paix l'éternité du songe…

Comme un serpent couché, le lent chagrin s'endort…
Le cœur tranquille enfin, et l'âme enfin ravie.
Le Poète s'attarde en oubliant la vie
Et croit goûter déjà la douceur de la Mort.

En attendant la paix de cet instant unique
Les parfums sont très-doux que brûlent les flambeaux…

Et, dans les vases d'or que les grands lys sont beaux !
Car le Poète écoute, en pleurant, Sa Musique !...

UNE CHAPELLE

Le grand vent de la mer a quitté la chapelle
C'est pourquoi notre voix commune le rappelle.

Le grand vent de la mer est las de la chapelle
Et la détruit tout en se lamentant sur elle…

Car il subit la loi de sa rude nature
En la reconnaissant si terrible et si dure !

Et voici ce que fut la chapelle où l'on prie
Celle où pieusement on célèbre Marie.

CHAPELLE DE MARINS

Voici le soir… Voici l'orage aux cris amers,
Et la foule s'assemble au fond de la chapelle
Où l'on cherche Marie et n'espère qu'en Elle.

Ô vaisseau qui se noie en l'abîme des mers,
Ô Dieu ! je cherche en vain l'ombre de la chapelle
Voici le soir… Voici l'orage aux cris amers.

Et dans mon cœur, sévit la tempête des mers !
Ô Dieu ! je cherche en vain l'ombre de la chapelle
Marie ! — Ô lys très blanc, qui règnes sur la mer !

ESSOR D'UNE MOUETTE

Aidez-moi dans ma fuite, ô les beaux vents fidèles !
Car je sens remuer en moi mes longues ailes !
Et sans craindre l'effroi des espaces amers,
J'obéis à l'appel impérieux des mers !

Je ne sais où j'irai, ni quel souffle m'emporte…
Mais je ne reviendrai que triomphante ou morte,
Je n'obéis qu'à vous, à votre étrange loi.
Me voici prête pour la fuite… Portez-moi !

J'ignore où j'errerai, mais j'ai l'amour de vous
Ô despotiques vents divinement jaloux !
Je n'ai pu qu'entrevoir la lueur de vos faces
Mais mon cœur est saisi par vos griffes tenaces.

Ô vous qui demeurez mon amour éternel,
Emportez-moi dans le ciel ouvert ! Dans le ciel !

AUX MOUETTES

Je vous envie autant que je vous aime, oiseaux
Qui traversez sans moi tout l'infini des eaux.

Vous qui passez battant tout l'infini des ailes,
Rendez-moi, rendez-moi comme vous, infidèles !

Que je sois libre ainsi que vous dans le ciel clair,
Que mon domaine soit le règne de la mer !

Et partout subissant l'éternelle infortune
J'obéirai, muette, à l'ordre de la lune.

Dans une obéissance au regard somnolent
J'endurerai son règne intermittent et lent.

Mais mon sort est parmi les choses méprisées,
Et pourtant ! Et pourtant ! — Ô mes ailes brisées ?

LA MAUVAISE AUBERGE

13

Le monde inhospitable est pareil à l'auberge
Où l'on vit mal, où tout est mal, où l'on dort mal…

Et, pendant que le cri des femmes se prolonge,
Je cherche le Palais Impossible du Songe.

Je fais, dans cette auberge, un modeste repas
En songeant à ce qui pourrait être… et n'est pas…

PÉCHÉ D'ORGUEIL

Le mensonge de ces gloires immédiates
Vers qui monte l'encens de vaines aromates !

Ô mensonge de ces paroles que l'on dit
Et que pleure un poète, en un beau soir maudit !

Je porte dans mon cœur et dans mon âme nue
L'orgueil d'être farouche, et d'être méconnue !

Et je garde, malgré les deuils, mon cœur hautain
Ainsi qu'un solitaire en un pays lointain…

VENUE DU JOUR

Le jour se glisse tel qu'un mauvais animal
À travers mes vitraux pour surprendre mon mal !

Le jour se glisse, ainsi qu'un serpent s'insinue,
Dans mes regards… Il entre et voit mon âme nue.

Il voit la vérité de mon trop grand amour,
Ô jour maudit parmi tous les jours… Mauvais jour !

Maudit sois-tu jusqu'à la limite lointaine
Des temps, toi qui surpris ma colère et ma haine !

Maudit, toi qui sus voir, de tes yeux clairs, ô Jour,
L'affreuse immensité de mon terrible amour !

À MON DÉMON FAMILIER

Toi qui hantes mes nuits cruelles, ô Démon !
Qui vient ouvrir sur moi tes prunelles hagardes
Et qui te tiens debout dans la chambre et regardes,
Emporte-moi sur tes ailes de goëmon !

Tu règnes sur mon cœur implacable et suprême !
Que le vent de la mer nous emporte tous deux
Dans le divin mépris des courants hasardeux,
Ô toi que je redoute et cherche, ô Toi que j'aime !…

Les peuples sont petits et laids. Allons loin d'eux,
De leurs propos mesquins, de leurs cœurs infidèles.
Envolons-nous au bruit puissant des larges ailes
Que tu sais déployer dans le vent orageux !

Malgré le temps mauvais, debout dans la défaite,
Me voici faisant face à l'orage, à la mer…
Ô mon Démon, accours à ma voix, comme hier,
Et reconnais en moi ton Maître, le Poète !…

AUBE

Voici le matin clair… Mon âme ouvre les yeux.
De ses nocturnes yeux ouverts, elle regarde…
Avec une stupeur tragiquement hagarde,
Redoutant la lumière évidente des cieux.

C'est l'heure que je crains, celle où s'ouvrent les yeux.
Vient-il donc m'apporter quelque douleur nouvelle,
Ce matin dont m'atteint la première stupeur ?
Je les referme en vain dans l'instant anxieux…

Voici, j'ai trop ployé sous le poids du destin
Pour ne point redouter l'inconnu de l'aurore.
Dois-je donc m'éveiller ? Dois-je souffrir encore ?…
Que viens-tu m'apporter, ô le nouveau matin ?

LE DERNIER DIEU

Cruel, impérieux, malveillant et funeste
Seul, entre les Dieux morts, il ressurgit et reste
Le Dernier Dieu, ce Dieu trois fois maudit, l'Amour !

Pourquoi s'attarde-t-il en ce nouveau séjour
Et n'a-t-il point suivi les Divinités mortes
Qu'on vénérait jadis, belles, grandes et fortes !

Pourquoi ne suivit-il, vers l'ombre de l'oubli,
Aphrodite impuissante et Zeus au front pâli ?
Pourquoi ce dernier Dieu survit-il sur la terre ?

Son visage entrevu dans l'ombre est un mystère,
Dans cette ombre du temple où brûle un feu latent.
Autour de lui la foule implore, prie, attend…

Ah ! détourne de moi ta colère et ta haine,
Ô Dieu ! dont on subit la rancune lointaine
Qui s'éveille ou s'endort au hasard de ta haine !

Ne me hait point, ô Dieu ! mais prends pitié de moi,
Car je te dédierai mon ardeur et ma foi.
Ô dernier Dieu ! le plus puissant ! Pardonne-moi !…

DOMINATION DU POÈME

Je subis tout mon sort… L'impérieux poème
Me domine à l'égal de la femme qu'on aime.

Amèrement jaloux, despotique et méchant,
Voici que vient régner, sur mon âme, le chant.

Servilement je sers l'impérieux poème,
Mille fois plus aimé que la femme qu'on aime.

Qu'il soit méchant, qu'il soit tyrannique et jaloux,
On ne l'en sert que plus promptement, à genoux !…

ORGUEIL DE POÈTE

Je voile avec dédain le trésor qui me reste…
Mon orgueil de poète est en moi comme un mal
Tenace, suraigü, dominant, animal…
Car l'orgueil du poète est terrible et funeste…

Quand la foule amassait la farine et le mil,
Mon orgueil m'enjoignit de m'astreindre et me taire,
Inexorable autant que le lointain tonnerre
Et l'orgueil de celui qui chante dans l'exil…

Qu'ailleurs l'aube de gloire irradie et rougeoie !
Que m'importe le vent qui disperse mes vers
Dans les replis obscurs de l'obscur univers,
Puisque je n'ai chanté que pour ma seule joie ?

AVEU DANS LE SILENCE

Dans l'orage secret, dans le désordre extrême
Je n'ose m'avouer à moi-même que j'aime !
Cela m'est trop cruel, trop terrible… Mais j'aime !

— Pourquoi je l'aime ainsi ? L'éclat de ses cheveux…
Sa bouche… Son regard !… Ce qu'elle veut, je veux.
Je ne vis que de la clarté de ses cheveux…

Et je ne vis que du rayon de ce sourire
Qui m'attendrit, et que j'appelle et je désire…
Ô miracle de ce miraculeux sourire !…

Sa robe a des plis doux qui chantent… Et ses yeux
Gris-verts ont un regard presque… miraculeux…
J'adore ses cheveux et son front et ses yeux…

Elle ne saura point, jamais, combien je l'aime
Cependant ! — Car jamais ma jalousie extrême
Ne lui laissera voir, jamais, combien je l'aime !

DÉFAITE

Dans un silence obscur, j'apprends la patience,
Moi dont l'orgueil fut grand, même dans le silence…

Car mon plus grand péché fut celui de l'orgueil
Et de cela je garde en moi l'immense deuil…

Malgré tous mes efforts la défaite est certaine…
Et ta grande douceur, ô mon Amie ! est vaine !

Puisqu'elle n'a point su m'épargner un des pleurs
Que j'ai versés… Mais le couchant est plein de fleurs…

TRAÎTRISE DU REGARD

Ton regard embusqué sous tes paupières sombres
Guette… Ton faux regard est là, traîtreusement…
Il épie, en secret, le passage des ombres
Dans mes yeux… Il me guette, inexorablement.

J'ai peur de ce regard sournois… Ô perfidie
De ton regard profond et brun, de ton regard !
Je te vois maintenant différente, étourdie,
Oublieuse… Et je t'aime… Il est trop tard… Trop tard ?

LE POÈTE

Il porte obscurément la pourpre du poète
Ce passant qu'on rencontre au détour du chemin,
Vers lequel nul ne tend sa secourable main
Et qui lève vers l'aube un front large d'ascète.

Mais sous le grand manteau percé de mille trous,
Si vieux qu'il est pareil aux innombrables toiles
Que l'araignée a su tramer sous les étoiles,
S'ouvrent ses yeux divins, prophétiques et fous.

Cet inconnu c'est le poète en son passage,
Et le vent du chemin lui dicte, ainsi qu'un dieu
Dicte un ordre divin, son chant impérieux…
… Mais hélas ! nul n'entend le merveilleux message.

Toi, dont le vent clément rafraîchit le front nu,
Tu n'oses même pas solliciter l'Aumône !
Mais les siècles futurs te verront sur un trône,
Couronné de rayons, ô divin Inconnu !

PALAIS SOUS LA MER

Puisque tu sus surprendre enfin mon cœur amer
Je te découvrirai mon palais sous la mer !
Tu verras, comme on voit en des visions rares,
Les étranges corails, les éponges bizarres !

Je te découvrirai mes jardins, loin des vents,
Où chaque fleur respire, où les fruits sont vivants
Puis tu verras les beaux poissons dont l'aile vole
Aussi légèrement que se dit la parole.

Tu verras le soir glauque et fuyant sous les eaux,
Et nous regarderons ainsi que des oiseaux
Passer la mouette ivre et des voiles sereines,
Et parfois chanteront, pour nous deux, les Sirènes !

INTANGIBLE

Nul n'oserait frôler l'effilement des doigts,
Que je tends en un geste indifférent et triste.
L'amour n'a point d'écho, pour répondre à ma voix,
Nul n'ose interroger mes regards d'améthyste…

Car moi, fille royale, ainsi je l'ai voulu,
Sachant que mon bonheur était dans le silence…

Seuls, les beaux chants lointains de l'autrefois m'ont plu,
Car c'est vers l'autrefois que mon âme s'élance…

Et nul n'ose troubler la sombre paix d'un seuil
Que garde l'inconnu. Moi, j'y règne, impassible…

J'y sers obscurément le Dieu de mon long deuil…
Nul n'ose m'approcher… Car je suis l'Intangible…

VOILE IMPATIENTE

La voile est lente et lourde attardée en ce port,
Elle qui sut braver les plus fortes tempêtes,
Et qui connaît leurs cris et leurs plaintes secrètes,
Pour elle, le repos est pareil à la mort…

La voile est lente et lourde, attardée en ce port…

Ô le charmant péril du magnifique orage,
De son retentissant tonnerre, de l'éclair
Qui déchire la nuit en un rayon trop clair…
Défiant la folie ou l'effort du courage…

Ô vieux marins, veillez… Le temps est à l'orage !

Mais la voile s'agite, au fond morne du port…
Elle appelle le vent des plus grandes tempêtes
Car les mâts sont hissés… Toutes ses sœurs sont prêtes…
Nulle ne craint le vent qui menace la mort…

Mais la voile pourrit dans la vase du port…

LA MOUETTE QUI S'ÉLEVA

Ô ! soyez-moi cléments, mes espaces fidèles !
Car je sens remuer en moi mes grandes ailes !
Et je subis ici la volupté du vent,
Moi qui sus l'affronter et le braver souvent…

Vent qui fais s'élever en moi mes larges ailes,
Vent qui sais dominer les vagues infidèles,
Viens vers moi ! Porte-moi, comme tu fis souvent,
Toi qui sais dominer la mer immense, ô vent !
